肖复兴 ——

著

无论在哪儿都是生活

北京联合出版公司
Beijing United Publishing Co.,Ltd.

水深魚極樂

林茂鳥知歸

杜甫詩贈

乙巳夏白

目　录

辑一　涧深松老，他乡邂逅

偶遇，虽然不过是萍水相逢，但最是那些素不相识的人，最能让人敞开心扉，无所负担，说说心里的话，乃至心底的秘密。

辑二 人海茫茫，天长水远

所有生命的成长，都会有衰老对应物的辉映，这是人类的
生命守恒定律。

辑三 红墙碧瓦，皆是风景

每一座城市都有属于自己的底色。底色，象征着城市的性格和历史积淀下逐渐形成的品质。

辑四　岁月偶思，回忆悠长

世上的事情，总难尽如人意。并不是每天都会阳光灿烂，
阴霾的日子，总会时不时地围绕我们身边。

辑五　草木荒原，风雪青春

无论是细碎的雪花，还是铺天盖地的暴风雪，它们构成我
生活过的一个命运背景，成为磨炼我铸就自身情感的一种
时代象征。

辑一　涧深松老，他乡邂逅

偶遇，虽然不过是萍水相逢，但最是那些素不相识的人，最能让人敞开心扉，无所负担，说说心里的话，乃至心底的秘密。

林中偶遇

　　异国他乡的偶遇，即使语言不通，也会交流得愉快。这时候，微笑和手势，就是最好的"快译通"。况且，我还会一点英语，即使拙劣，人家也能听懂。

　　我喜欢偶遇。人的人生半径极短，平常能与你发生联系的，只有那么几个、几十个人。偶遇，虽然不过是萍水相逢，但最是那些素不相识的人，最能让人敞开心扉，无所负担，说说心里的话，乃至心底的秘密。这叫作"萍水相逢逻辑"。

　　在这个逻辑下，陌生可以变为依稀曾见，擦肩而过可以变为坐下来倾心交谈，潜藏心底的秘密可以变为浮出水面的睡莲绽开，为你的眼前展开一个开阔的天空和天空下无穷的地平线。

　　那个夏天的下午，在林中，我偶遇这样两位美国白人妇女。密密的树叶遮挡着炎热的阳光，洒下一地绿荫。

RUNING 2014 9 Nashvill

红剧场

在新泽西州住的时候，离普林斯顿大学很近，我常到那里去。校园很大，很漂亮，很清静，心里羡慕在这里求学的孩子们。

校园所有的地方都是开放式的，教室、图书馆、教堂、饭堂、学生活动中心……包括这座"红剧场"。我不知道它的名字，因为它完全用红砖盖成，我给它起名为"红剧场"。

有一天，我走进红剧场，空无一人，一排排座位虚席以待；空旷的舞台，灯光亮着；绛红色的天鹅绒幕布垂着；左侧摆着一个巴洛克式的古典沙发，似乎昨天这里刚刚上演过一出话剧或歌剧，有哪位公主或将军，曾经在沙发上坐过，发生过起伏跌宕的情节。

我跳上去，坐在沙发上，跷起二郎腿。十九岁那年，我高中毕业，报考中央戏剧学院表演系被录取，紧接着的"文革"让我一个"跟头"到了北大荒。登台演出的梦想，在这一瞬间闪回。

青春之梦的破碎声音，在红剧场里清脆回荡。

纳什维尔街景

　　纳什维尔，美国田纳西州的首府，我第一次到这里来。陌生的城市，总会给人以新鲜感。见一座陌生的城市，如见一位从未谋面的陌生者。它可以一下子让你亲近成为朋友，也可以只是擦肩而过，依旧只是陌生者。

　　纳什维尔，没有让我感到熟悉而成为朋友。我只是一个匆匆而来又匆匆而去的外国人。唯一给我留下印象的，是它的乡村音乐很出名，而且，这里还有一座乡村音乐名人堂。

　　主要是，在这里我新买了一盒水溶性彩色铅笔，正好用它试新，便画了两幅画，一是夜景，一便是这幅街景。

寂寞的壁炉

　　白天，孩子上班的上班，上学的上学，偌大的房间，一下子显得空空荡荡。远离北京，远离都市，无所事事，没有一点喧嚣相扰，没有任何杂事牵绊，也没有一个人会叩门来找，因为在这里，除了孩子一家，我没有一个认识的人。陶渊明的桃花源莫过如此吧？那真的是一段清静的日子，不知有汉，无论魏晋。我便常常画画，消磨时光，聊以度日。

　　在国外，投奔孩子，享受着天伦之乐，也必然得享受这样的寂寞。所谓好吃好喝好风景，也好无聊好寂寞。甘蔗难得两头甜。

　　我几乎把孩子的屋里屋外画了个遍，其中一张，是这幅，画的是孩子家的壁炉。相看不厌，唯有壁炉。

街头小景

在美国，只有在 Downtown（城市的商业区或市中心），才能够看见很多的人。白人、黑人、黄种人，交错在一起，汇聚成一幅五彩斑斓的流动画卷。有上班、上学、打工、逛街的，也有我这样漫无目的闲逛的，还有衣衫褴褛的流浪汉。大家各行其是，互不干扰，南来北往，熙熙攘攘。在那里很少能见到警察，更从未见过辅警和戴着袖标的保安或手拿小旗维持交通的志愿者。

那天，在大街上看到一对黑人青年男女迎面向我走来。他们昂首挺胸，步履轻捷而有力。年轻，就是好，充满活力。看样子，他们可能是一对情侣，也没准儿是一对新婚夫妇，因为他们黑黝黝的脸上洋溢着喜悦的神情。尽管含而不露，却禁不住如花绽开。

我画了他们。

街头的城市背景绚烂多彩，但是，我不想如实画出，一是太烦琐麻烦，二是水平有限，也画不出来。索性，用色块涂抹——还是用卫生纸蘸水再蘸马克笔的颜色涂抹——效果还不错，而且，色块将黑人的肤色衬得更为明亮好看，并且两者相得益彰。自以为是抽象派。

好长一段时间，我都用这种仿佛涂抹的色块作为人物的背景。我十分得意，在画画中找到一点新的乐趣。

加州小镇

加州小镇，比那些大城市，如洛杉矶、旧金山和圣地亚哥，要漂亮得多。大城市的面孔近乎一样，全世界皆然，小镇却不一样，别具风情。

卡梅尔市叫作市，其实就是一个小镇，留给我的印象最深。这里的房子都是独栋别墅，每一座的样子不同，颜色不同。据说，这里的房子没有门牌号，只通过造型和色彩辨认。

一百多年前，旧金山大地震后，好多画家到这里来盖房子居住。那时候，这里荒僻，地价便宜，如今已经寸土寸金。好莱坞大导演克林特·伊斯特伍德（Clint Eastwood）曾经当过一阵卡梅尔市的市长，无疑更加提升了卡梅尔小镇的艺术气质。

小镇最有名的是卡梅尔海滩。尽管海浪翻涌着如雪的浪花，呼呼叫嚣，这里仍显得气定神闲，尤其是岸边那些高大苍绿的老树，仿佛阅尽世事沧桑，看着我们这几个外来的闯入者。

我画下了它的一棵大树，叫不出树的名字，却记住了卡梅尔小镇的名字。

加利福利亚 Losolivos. RiviNG 2013.8.5.

斯蒂尔故居

斯蒂尔故居在一片叫作黄树林的茂密森林中，离布卢明顿市大约十公里。从 1907 年到 1926 年，西奥多·克莱门特·斯蒂尔（Theodore Clement Steele）在这里生活了整整二十年，并在这里逝世。他是美国早期负有盛名的印象派画家，1900 年巴黎、1904 年圣路易斯、1918 年巴拿马三届世博会上，都有画作展出。他的很多作品，画的就是这一片森林风光。

几座红色的房子被绿树簇拥，红得醒目，绿得明心，油画般，又童话般，呈现在面前。雨后的下午，林中的空气清新而湿润，微风中的树叶飒飒细语，远近的树木静静地矗立在那里，像是远遁尘世的隐者，陪伴着这位已经逝去近一百年的画家。

故居一侧有一个开阔的露台，很熟悉，那是斯蒂尔当年画过的，他画得很漂亮，一看就怎么也忘不了。只是，画中的露台前有一株参天的大树，如今没有了，露台前簇拥着一丛灌木，绿意葱茏，如浴后披散秀发的女人。

故居前不远，有一条斯蒂尔修的小路，沿着这条斗曲蛇弯的小路，可以通向密林深处，那里有一条清澈的小溪。

他把这条小路命名为"沉默之路"。

他把自己住的红房子叫作"唱歌的风"。

美国画家Steele 故居鲜花传旧灿然

FUXING T.
2014.6.10.

散步时的招呼

夏天到了，树绿得更浓，花开得更多。如果是雨后的上午，空气更清新，风更柔和。

上午，我常在小区里散步。国外的小区，各家住房都隔开一段距离，显得很空旷。早晨上班的人们一走，更是走半天见不到一个人。住惯了街坊四邻密集的小区，到处可以见到熟人打招呼。初住这里，很不习惯。

有一次，在小区街道拐角处，我看见一位正侍弄自家门前花草的老人，他用英语向我打招呼。因为话语简单，我听懂之后，赶紧用拙劣的英语向他打招呼。这算是我见到的第一个"活人"。

后来散步的时候，我偶尔会见到他，与其彼此问候，知道他是印第安纳大学退休的教授。第二年从国内再来时，重又相见，他还记得我，亲切的招呼，让距离缩短，时光浓缩。

这幅画中的年轻姑娘也是我散步时认识的，那时她正从家中出来，不知是上班，还是去办事，也是这样与我打着招呼，好像熟悉的人似的。

只是，我只见过她这一次，以后，再未见到。散步路过她家时，门前的栅栏门关着，台阶空着，两旁的花鲜艳地开着。

小镇巴黎

这家餐馆叫作"小餐馆"，在布卢明顿城市中心的边上，由老厂房改建，很不起眼。

老板是一个有些弓背的小老头儿，巴黎人，五十年前来到这个小城。餐馆四壁挂着的全部是巴黎街景的照片和法国印象派画家画的巴黎风景。菜是正宗的巴黎菜品，还有专门从巴黎空运过来的小瓶芥末，一一顽强保存着他对巴黎的记忆，以此和外部强悍、阔大的世界抗衡。

饭后，走出餐厅，在门厅的墙壁上，看到贴满一排发黄的旧报纸，一眼先看见报纸上的照片中有一对青年男女，是五十年前的老板和他的太太。报纸上整版报道了这一对巴黎男女五十年前刚刚来到这里的情景。

老板和他的太太走出来送客。我指着报纸问老板："五十年前，您多大年纪？"他告诉我："今年我七十一岁了。"然后，他对我说："五十年了，这个餐馆也办五十年了！"

走出餐馆，我看看门前贴的营业时间表，餐馆只在周末的晚上和周三、周一的中午开门揽客，这是这家餐馆又一个与众不同之处。赚的钱够生活，见好就收，不想让工作压迫生活，足够潇洒。

世上的爱情故事，我听过不少，这样让巴黎的青春芳华在小城白头偕老的故事，我第一次遇到。

春天的夜晚，满城的海棠、杜梨的花朵和满天的星星，正在怒放。

注：图中"布鲁明顿"应为"布卢明顿"。

十年前夏天

十年前夏天，我在美国和孩子一家四口到圣路易斯参观美术馆。那时候，两个孙子，老大五岁，老二三岁。他们喜欢画画，但这些画家的画，他们看得似是而非，大多时候只是陪我们大人看。

记得那天我要上厕所，老大说我带爷爷去。他带我找到美术馆的一个工作人员，询问厕所在哪儿。我听得一头雾水，因为这位工作人员不停挥手，东指西指，不知到底指向何方。老大牵着我的手，信心十足，带我穿过大厅，东拐西拐，找到了厕所。等我从厕所出来，看见他倚墙坐在地上，玩着小汽车，在等我呢。

那一次在美术馆里看的什么，都没有记住，记住的，只是老大带我找厕所这件事。

很多时候，很多场景，记忆删繁就简，只剩下一点点小事，微不足道，却让人难忘。

十年前的夏天 KuXing 2022.7.3南外.

印第安纳大学

儿子到印第安纳大学教书的第二年，我去美国看他。他带我参观校园。校园很大，教学楼、图书馆、美术馆、音乐厅、礼堂、教堂、学生中心……转了一圈，我画了这幅画。之所以选这一处，是因为这座石头建筑是历史遗迹，虽然里面空空荡荡，但外面花木丛生，绿草茵茵，鸟鸣啾啾，幽静得很。

建筑前面摆满一排排椅子，不知这里要举行什么活动，把将要出现在这里的学生和遥远的历史衔接起来，空旷的自然一下子有了生机。

我是用彩铅画的这幅画。我画了好多印第安纳大学的画，这是第一幅。离开美国的时候，儿子留下了这幅画，装在镜框里，挂在他家客厅的墙上，一直挂到现在。

一晃，过去了十一年。

印第安纳大学一隅 2013.9.24.

旧谷仓

行驶在美国乡间，在路两旁的田野间，常可以看到旧谷仓。它突兀地立着，像一个巨大的稻草人，垂下昔日的影子，沉吟着怀旧的诗句。

在城镇的社区，我居然也看到这样的旧谷仓。它立在一道小溪边，前面是一片开阔的草坪和儿童乐园。1985年建这个社区的时候，保留了这座谷仓，已经保留了三十多年。谷仓被油饰一新，鲜艳的红色格外夺目。如果在我们这里，旧谷仓早已变成商业楼盘，被计算着可销售的建筑面积的实用价值。

或许，这就是城镇化建设伦理的不尽相同。我们信奉的是不破不立，破旧立新，认为新楼房比旧房子更有价值，便轻而易举忽略了旧房子由历史积淀而成的文化价值。加拿大学者简·雅各布斯（Jane Jacobs）曾经说："必须要保留一些各个年代混合的旧建筑……城市里的新建筑的经济价值是可以由别的东西——如花费更多的建设资金来代替的。但是，旧建筑是不能随意取代的。这种价值是由时间形成的。这种多样性需要的经济必要条件对一个充满活力的城市街区而言，只能继承，并在日后的岁月里持续下去。"

集市即景

布卢明顿被称为市，其实就是一个小镇。每周日的上午，Downtown 会有一个露天集市，像我们的农贸市场，主要卖花，卖菜，卖水果，卖手工小工艺品。

我特别爱去那里画速写。第一次去那里，看到的第一个景象是一个胖子和一个妇女拎着两盆花迎面走来。我很想画下来，他们却一会儿的工夫就走了过去。我只捕捉到他们的背影。

画完后，觉得背影更好。胖子和妇女的姿态，尤其是胖子把花拎得离开身边，生怕蹭到花的小心劲儿；妇女伸出一只手帮助拎花的样子……能够看出他们之间的人物关系和彼此细微的心。

虽然画得极简单，也潦草，但很有当时的味道，我很开心，自得其乐。

密歇根湖畔

密歇根湖畔是芝加哥沿湖修建的一个带状公园，有步行栈道和自行车道，由城外一直连接到市中心。

一百多年前，大火烧毁整个芝加哥城，重建后的规划便有了这个公园。一百年来，密歇根湖畔风景没有什么变化。对于一座历史古城，日新月异不见得就是好事。

那天下午，我一眼看见在湖畔散步的这一对男女，他们青春逼人，让人眼前一亮。我心想，这样的风景就应该配这样的人才对。

注：图中"密西根"应为"密歇根"。

布朗郡州立公园里的墨西哥人

　　布朗郡州立公园是一座州立的森林公园，很大，很旷。到这里玩，基本就是走路，沿着小径或山道，就那么一直走。周围除了大量的树林和少量的湖泊，没有什么别的游乐设施或我们公园里常见的亭台楼阁。

　　在一片开阔的草地边上，有一座石头小屋，很破旧了，屋里空空荡荡，屋外有木桌木椅，供游人休憩野餐。那是罗斯福时代的建筑，被保存在公园里，是文物了，像我们这里亭台楼阁的点缀。

　　一对墨西哥母子正在那儿吃东西，孩子坐着，母亲站着，她很胖，我从来没有见过这样胖的女人。那条紧靠桌子的长条凳子，恐怕她坐下来有点困难。相隔不远的木桌前，我坐在那里画她，她发现了，说了句我听不懂的外国话，不知是英语还是西班牙语，然后，冲我友善地笑了笑。

布朗
为圆当年雪耶福
叶代的运的石居博剑
2013.7.28.

画廊女老板

　　布卢明顿不大，说它是一座崇尚艺术的小城，不如说它是一座更会自娱自乐的小城。它坚持每年搞一次艺术节。没有大腕出场，也没有豪华场地和领导出席剪彩的虚张声势的开幕式，只是在各个街头插一些彩色小旗子，上面写着艺术节开幕的时间和地点。

　　所有的艺术家都来自布卢明顿和附近的几个郡，让艺术不再只是束之高阁，仅仅属于美术馆或拍卖行。一般民众可以参与，大多是自己用毛线，用木头、石头、葫芦、玻璃，甚至用废弃的各种工业材料，制作出新颖别致的艺术品。

　　卖画的更多，风格各异，水平不是很高，价钱很亲民。人们本来也不是将其当作名家名画收藏，只是为了挂在家中，增添一些艺术气氛。艺术，脱离了虚高价格之后，才会真正富有价值。而这价值更多体现在一般百姓的日常生活之中，就像鲜花必须生存在泥土之中一样。我心想，这或许就是艺术节举办的宗旨之一吧。

　　我看见一位漂亮的画廊女老板，她的摊位前人不多，和她聊了起来。她看了我的几张小画，对我说："你的画只要配个小信封，也可以到这里卖！"

注：图中"布鲁明顿"应为"布卢明顿"。

莫奈故居

　　莫奈故居，在巴黎近郊吉维尼。莫奈四十三岁那年买了一块地，在那里住了四十三年，八十六岁在那里去世，他的墓地就在吉维尼村的教堂边上。

　　十几年来，第二次来巴黎，当天下午我就去了吉维尼，弥补上次来巴黎没有去成的遗憾。

　　天近黄昏，依然游人如织。窄小的入门处，如一个瓶口，进入里面，立刻豁然开朗，如潘多拉魔盒水银泻地一般，展现在眼前的是莫奈的花园，姹紫嫣红，铺铺展展，热闹得像一个花卉市场。据说所有的花都是莫奈亲自从外面买来，品种繁多，色彩缤纷，叫都叫不出名字。其中最引人注目的是花朵硕大的虞美人和鸢尾花，那曾是莫奈最爱的花，花开正艳，见多识广，对游人不屑一顾。

　　不过说实在的，和我想象的不大一样，和莫奈画过的花园也不大一样。眼前的花园显得有些杂乱无章，就像并不懂得园艺的一个农人将种子随便那么一撒，任其随风生长，花开得虽然烂漫，却没有什么章法，各种颜色交织在一起，像一匹染得串了颜色的花布。

　　我画这样一幅莫奈故居，一样花乱如同涂鸦乱抹。

莫奈的吉维尼花园 己丑夏 陶塑□作

辛辛那提音乐厅

　　我曾买过很多辛辛那提交响乐团演奏的唱片。不仅在美国，在世界上，辛辛那提乐团都很出名。没有想到有一天能够来到辛辛那提，我当然要去辛辛那提音乐厅看看。乐团的很多演出，都曾经在那里举办。

　　音乐厅是一座红色的古典建筑，漂亮壮观，犹如教堂。它是 1878 年建成的，比乐团建立得还要早十七年。据说，以前这里是一片乱坟岗子，如今堂皇的音乐厅前面，树木成荫，花开似锦，绿草如茵，哪里还找得到历史的一点影子？沧海桑田，这个世界到处可以看到。

　　可惜，我去的那天，音乐厅没有演出，只能画这幅画，留个纪念。

辛亥那提音乐厅
癸巳四月黄成中画

俄亥俄河上的老铁桥

我对老的东西比新的玩意儿更感兴趣。老的东西，有岁月的包浆，沉淀着时光打磨下的暗语，可以凭人揣摩、想象，不像新的玩意儿，只会闪着贼光。

俄亥俄河上的这座铁桥，不知建于何年，看样子有些年头了。桥头堡，古铜色，铁锈斑斑，尤显沧桑。密西西比河水流淌到这里，河面开阔，河水奔涌，和铁桥相得益彰。桥下岸上种着好多鲜艳的红花，如同娇艳的美人簇拥着铁桥壮汉。

我画它的时候，画得极快，以为下笔潦草画得不好，没有想到，如有神助，效果比我想象的好多了。真的是"拉屎不能瞧，下笔不能描"，越是小心翼翼，越可能画不好，就得信马由缰，随心所欲，自然会画得天然。

FUXIONG 俄亥俄河上的铁桥 2013.8

佛罗里达州的海边

憨在家里一年有余。暑假，儿子一家到佛罗里达州玩。这是疫情暴发以来全家第一次出门。热带花木繁茂，有海风轻吹，海边难得清静，一片金色的沙滩，蔚蓝的大海从天边涌来，直扑到眼前。

两个孩子最欢喜的是到海里游泳，他们游得不错，都参加过州里的比赛，老大的百米仰泳获得过全州第二名。佛罗里达州的大海他们是第一次来游，海浪让他们兴奋。

其他让他们兴奋的，是在海边捡了好多贝壳。他们拍视频给我看，告诉我他们在海里抓到了海星，还兴奋地告诉我，佛罗里达州有一个贝壳博物馆，以人名命名，叫作贝利·马修斯贝壳博物馆。

弗罗里达5月一日　Fuxing 2021.6.3.

注：图中"弗罗里达"应为"佛罗里达"。

辑二　人海茫茫，天长水远

所有生命的成长，都会有衰老对应物的辉映，这是人类的生命守恒定律。

孙子和我比个儿

孙子和我比个儿，他搬来一把椅子，跳了上去，喊道："爷爷，看，我比你高了！"

孩子，终有一天，你会长得比我高。在一年年你长大而爷爷变老的岁月里，既有我的喜悦，也有我的忧伤。所有生命的成长，都会有衰老对应物的辉映，这是人类的生命守恒定律。

那一年，孙子四岁半。

今年，孙子从美国回北京看我。疫情四年，未得相见，见到他，他居然长得那样高，已经超过了一米八。

我对他说起了那年他搬来的那把椅子。

FUXING 2014.9

我要回北京了

那一年，我在美国住了半年，和孩子团聚了半年，再长的宴席也有结束的时候，就要回北京了。

这半年，孙子都是和我一起睡。每天晚上，哄孩子睡觉的时候，我常常唱一首儿歌，歌词是根据电影《护士日记》里演员王丹凤唱的那首《小燕子》自己胡乱瞎改的："小少爷，小少爷，火车火车来到这里。我问少爷到哪里去，少爷说，我要去北京看爷爷……"我总是开玩笑叫他小少爷。他常常听着听着，搂着我就睡着了。

那时候，我教他画画，他画的最多的是火车。

他指着自己画上的火车说：我要坐火车，去北京看爷爷。

去北京，是他的一个梦。

月明满地见花影

"归来院落已深夜，满地月明花影寒"是一句宋诗。我很喜欢这句诗，因为它让我想起了我的少年。

那时候，我和一个女同学要好，她和我同住一条老街，寒暑假常来我家聊天，聊到很晚。送她走出我们大院，站在大门口外的街头，我们还接着聊，恋恋不舍，一直到不得不分手。我回身迈上台阶，才蓦然心惊，大门这时候要关上了。因为每天晚上都会有人负责关上大门。那样的话，可就麻烦了，门道很长，院子很深，想叫开大门，不是件容易的事情。很有可能，我得在大门外站一宿了。

走到大门前，抱着侥幸的心理，想试一试，兴许没有关上。刚刚轻轻一推，大门就开了。我庆幸自己的好运气。没有想到的是，父亲就站在大门后面的阴影里。父亲没有说话，转身往院里走。我跟在父亲的背后，走在长长的甬道上，月光把父亲瘦削的身影拉得很长。

很多个夜晚，我和女友在街头聊到很晚，回来的时候，生怕大门被关闭的时候，总能够轻轻地把大门推开，看见父亲站在门后的阴影里。虽然没有花影满地，没有月明满地，但读到这句宋诗，总让我想起父亲的身影。我改写了这句诗，"月明满地见花影"，我不喜欢那个"寒"字。

月明满地见花影 FuXing 2018 夏日

戏水白鹅

夏天的北大荒，雨水特别多，且常在麦收时豪雨如泼，绵延数日。这样的时候，常是歇工、偷闲片刻，等待雨歇。守在知青宿舍的窗前或门后，看雨看人也看景，消磨寂寞无聊的时光。

曾写过这样一首打油诗，记录了这样的时光。那里有顷刻之间的大雨滂沱，有雨湿衣衫的女知青曲线玲珑，也有戏水的白鹅，只有它们吃凉不管酸，雨中最是乐呵，欢歌不止：

顷刻天将黑，云低雨滂沱。

雷红惊地响，雨白向天泼。

愁鸣落汤鸡，欢歌戏水鹅。

知青女先湿，曲线羞难遮。

周老师

我们大院里的周老师是一位中学老师，长得端庄秀气。周老师非常爱吃苹果，每次吃苹果的时候，她的丈夫，一位工程师，都要坐在她的旁边，亲自为她削苹果。削下的苹果皮，完完全全地连在一起，弯弯曲曲地一圈圈垂落下来，像飘曳着一条长长的红丝带。

他们夫妇有两个孩子，都和我一样前后脚到农村插队，等他们和我一样回到北京，他们夫妇已经是快七十岁的人了。那时，周老师已经患上了肝癌，她和她的那两个孩子都不知道，知道的只有她的丈夫。丈夫为她削苹果的时候，手有些颤抖。但是，削下的苹果皮还是完完全全地连在一起，弯弯曲曲从苹果上一圈圈地垂落下来，像飘曳着一条长长的红丝带。

周老师"走"得很安详，按照我国传统五福，即寿、富、康、德和善终，她的一生虽然算不上富贵、健康，也说不上长寿，却占了德和善终两样。

送葬的那天，她教过的很多学生来到她家里，向她的遗照鞠躬致哀，有的学生甚至掉了眼泪。那天，我也去了她家，看见她的遗照前摆着两盘苹果，每盘四个，每个都削了皮，那皮完完全全地连在一起，摆放在苹果旁边，垂落下来，像是飘曳着一道道挽联。

看朱成碧

　　大院的街坊当面叫她毛子妈，背后撇着嘴叫她"大摩登"。她个头高挑，身材丰满，模样俊俏，肤色白皙，徐娘未老，风韵犹存。

　　只因为她当过舞女，又有一个当国民党飞行员的丈夫被判刑发配到兴凯湖劳改农场，这样双重原罪，让她在"文革"中吃尽苦头。

　　1974 年，我从北大荒回北京当老师，一天下班回家，毛子妈竟然坐在我家里等着我。那时，我差点儿没认出来她。她变得很苍老。能不苍老吗？谁赶上她那样的命运，不死也得扒层皮，活过来就不容易了。

　　我想起她原来婀娜俏丽的样子，像电影里的叠印镜头一样，和眼前重叠着，心里不是滋味。

　　很长时间，想起她，总会想起这句唐诗：看朱成碧思纷纷，憔悴支离为忆君。

爷爷住过的地方

　　五年前的夏天，两个小孙子从美国回北京，我特意带他们看看老院，看看他们的根，看看爷爷像他们这样大的时候住过的地方。

　　老院的前身是粤东会馆，一座清代的老四合院，如今，已经翻建一新，好在旧的格局未变，只是人去屋空。老院最里面的三间东厢房就是我家，房前的那棵老槐树还在，树干嶙峋，枝叶凋零，依然健在，顽强保存着往昔的记忆。

　　新开的红漆大门敞开着，我们径直走进，一直走到最里面，曾经是我家的那三间东厢房已经成为什么公司的办公室，窗外的空调机呼呼地响着。里面有位像领导的人，走了出来，无论我怎么说当年我就住在这里，只是带着孩子来看看，他还是很客气地把我们请出老院。

　　有意思的是，五十一年前这一天，正是我离开家去北大荒之时。那天清早，怕分别场面父母伤心，我没有让他们送，独自一个人去了北京火车站。刚走出家门，隔壁的张大叔就走到我面前，递给我一个海尚蓝的小布包，里面包着黄土，嘱咐我到了那边水土不服，用这土冲水喝。

　　我将这件事告诉了两个小孙子，他们望着我，觉得那样陌生，仿佛天宝往事。

爷爷当年住过的地方 Xinxin 2018. 7.

黄德智家的门联

黄德智是我的发小，他家住在前门外草厂三条一个独门独户的小四合院里，在整条胡同里，那是非常漂亮的一个院子，大门的门楣上有镂空带花的砖雕，大门上有一副精美的门联：林花经雨香犹在，芳草留人意自闲。这是一副集宋诗诗句的门联，古色古香，意静神闲，颇有韵味。

读小学时，老师组织学习小组，家住附近的几个学生放学之后会集中到一个住房宽敞的学生家里写作业，复习功课。我们的学习小组就在黄德智家。我每天进出小院，对这副门联很熟悉。

十几年前，为疏通交通而开辟了如今的草厂三条街，整个草厂三条拆掉了西边半条胡同。那天，赶去看黄德智家的小院，小院已被拆除干净，只剩下一片瓦砾。那副起码有上百年历史的门联，不知是否被收藏起来。

林花经雨香犹在
芳草留人意自闲

第三条十三号宅小院门联 FuXing 2018.6.

暑假

前几年暑假，因为疫情缘故，孩子没有回北京看我们老两口，就在美国转悠。

前年暑假，他们到亚利桑那州玩，在一座小镇漂亮的房子前，拍了张照片发给我。

照片上的孩子让我惊讶。算一算，仅仅三年未见，两个小孙子长高了老大一截，特别是老大，长高得我快认不出来了。记得三年前来北京的时候，他只到我的肩膀，现在已经高过我了。

这幅画，是我照着照片画的。

阔别的时光，遥远的距离，在画面上缩短了。

注：图中"亚里桑那州"应为"亚利桑那州"。

小哥俩

　　这是五年前我带小哥俩去香山玩时画的画，画的是孩子去亚利桑那州过暑假时的情景。

　　每年暑假，他们从美国回北京，我都要带他们去一趟香山。那时他们一个五岁多一点，一个三岁多一点，记得有一次，忽然下起蒙蒙小雨，我们跑到松林餐厅的后门檐下避雨。无事可做，我便教他们说绕口令和老北京的童谣。

　　学会了"吃葡萄不吐葡萄皮，不吃葡萄倒吐葡萄皮"，和"奔儿头，奔儿头，下雨不愁，你有大草帽，我有大奔儿头"之后，他们要学新的。我看着他们两人，一人正坐在大门前的一个门墩儿上，便教他们说"小小子儿，坐门墩儿，哭着喊着要媳妇儿……"

　　雨停了。我们爬山，向"鬼见愁"爬去。两个孩子一边爬山，一边大声高喊刚刚学会的那首童谣。旁边爬山的游客听见了，都哈哈大笑起来。有人故意逗他们两人，问："哭着喊着要媳妇儿干吗呀？"两人不理他们，更来了情绪，亮开嗓门儿更大声地一遍遍叫喊着。清脆的声音在通往"鬼见愁"已经苍老的山路上回荡。

　　去年暑假，他们终于又回到北京，可惜，时间紧张，未能去香山。孩子走后，我独自去了一趟香山，站在五年前他们爬的山石前，望了好久。

阿里桑纳之夏　RUXING 2022.6.25.

注：图中"亚里桑那"应为"亚利桑那"。

比哥哥高了

　　画这幅画时，想起以前老大小时候站在椅子上和我比个儿的情景。如今，哥哥有一米八，高出弟弟很多。弟弟不服气，总希望自己也能长个儿，超过哥哥。在街头的信号灯前，弟弟跳起来，伸手要摸到信号灯了，冲着哥哥叫嚷道："看，我比你高了！"

　　想起小时候弟弟和我比个儿总希望超过我，便倚在门框上画线量身高，每一次，总要踮着脚尖。小孩子，都是这样的心理和玩法。时代不同，童年却大同小异。

　　隔代老树开的花，和今天新树开的花，一样芬芳迷人。

小岛在英国·中·白·2023

九大员

1968年夏天，同坐一列绿皮火车，我们九个中学同学前往北大荒大兴岛同一个生产队。同在异乡为异客，自然友情加重，我们常形影不离，于是被队上戏称为"九大员"。盖因当时流行一个演唱节目叫《八大员》，讲的是部队炊事员、卫生员、通讯员等后勤的八大员。"九大员"不带贬义，只是谐谑。

岁月如流，人生如流，不觉转眼五十六年过去，当初的小伙子都已两鬓霜白，且各自的经历沧桑不同，心境与境遇不同。同学之间，还能维持如此漫长时间的友情，不能说是奇迹，也是难得的。

从北大荒回到北京后，每年"九大员"都有聚会。最初几年，在各家聚会，各家住得都不宽敞，几个人得围着一张餐桌，坐在床上。有一次，居然把床板坐塌了。

最后一次聚会，是2019年的中秋节。在天坛东门的大碗居，一位带来一瓶北大荒酒，一位拿来一瓶日本梅子酒。酒，都没有喝完。

"九大员"已经故去两位。那一次，又缺席两位，虽补充两位，依然凑不齐"九大员"，锣齐鼓不齐了。

我画的是那次聚会的场面。

聚会人越来越少了，昨天补两位还是不够九位置 2019.10.7.

林中小木屋

在北大荒，靠近七星河南岸，有一片原始次生林。林子里有一间小木屋，屋里住着一位守林老人。谁也不知道老人多大岁数，他在那里守林守了一辈子。

每年冬天，我们都要去七星河边修水利，去七星河的路上必然要路过那座小木屋，我们常会进去烤烤火，喝口热水，吃吃他的冻酸梨，逗逗他养的一只老猫，和他说会儿闲话。他话不多，大多时候，只是听我们说。

附近有个村子叫底窑，清朝时是烧窑制砖的老村。那里的人都知道老人的经历，说在战争年代，他受了不少苦，一辈子孤苦伶仃，守着一只老猫和一片老林子过活。

我一直对老人很好奇，特别想从他口中知道他的身世和这一片林子的历史。但是，每一次问他什么，他都笑笑，摇摇头，不怎么说话。

白雪覆盖下的那座林中小木屋，挺漂亮，像一个神秘的童话。

林中屋

大院的女人（一）

在我童年住的大院里有好几位漂亮的女人，宗家的两个女儿是其中两位佼佼者。

大女儿已经结婚，她和丈夫是中学同学，又是军医大学的同学，毕业后两人当了医生，在南方同一家部队医院工作，平常很少回家。我只见过她一次，是读小学的时候，她个子很高，长得很漂亮。我说不上她究竟哪儿漂亮，那时候，我家的墙上贴着一幅哈琼文画的年画《祖国万岁》，觉得她特别像画上那个漂亮的女人。

她的丈夫个子也很高，很英俊，他们要是都身穿一身军装，红领章格外鲜艳，越发吸引人。全院的街坊，见到他们没有不夸奖、不羡慕的，都说他们是天造的一对，地设的一双。当时，我心里暗想，青梅竹马的完美爱情，应该就是这样子吧。

可以说，宗家大姐是我那时候见过的第一个漂亮的女人。

大院的女人（二）

宗家二姐长得也很漂亮，但是，我心里总觉得没有她大姐漂亮。我说不上来为什么，可能是她没有她大姐那一身军装的缘故吧。

和她大姐一样，宗家二姐学习不错，石油学院毕业，毕业之后分配到石油规划院工作。我小学毕业那年，她和一位印尼华侨结了婚，到雅加达度蜜月归来，带回来一台台式录音机，送给她弟弟作为礼物。她弟弟在家里整日摆弄录音机，不停地录音，然后播放，自得其乐。

宗家二姐找的这个对象最让街坊羡慕，觉得比大姐找的要好。我明白街坊的心理，无外乎二姐的对象家里有钱，是印尼的富商。那时候，大家谁见过录音机呀？送孩子礼物，一般送支玩具枪或一盒积木，已经很不错了。这样阔绰的出手，令大家开了眼。

说心里话，宗家二姐的爱情不如大姐的让我心动，可能是小时候把爱情想象得更纯洁，更神圣，不掺杂一点渣滓吧。两小无猜、青梅竹马、志同道合的爱情，更让我充满美好的憧憬。

母子图

我有两个孙子，年龄相差两岁。小时候，特别好玩，妈妈一手牵一个，他们从来不会老老实实地走，总会蹦蹦跳跳，闹一些新花样。妈妈像牵着两只调皮的小狗。

我画这幅画的时候，老大伏在我的肩头，老二跳到桌子上，坐在那里，静静地看着我画。

画完了，我问他们俩画得怎么样。

老大说："把我们画得太小了！"

老二说："路上哪有这么多颜色！"

小哥俩
一天天长大 辛卯末
溽暑

2012.1.17.补识

孩子的家

孩子到美国十多年，一直都租房子，不知搬过多少次家。这一次，他到印第安纳大学教书，才在那里买了房子，有了自己的家。他十多年前花五千美金买了一辆二手车，搬家到达后，车寿终正寝，他又买了一辆二手车，那辆老二手车居然卖了两千美金。

房子也是二手的，他自己打理一番，新家有模有样。第二年，我去看孩子的时候，在那里住了半年。

孩子一家动荡的生活终于安定了下来。两个孩子，一个三岁半，一个一岁半，渐渐长大。临回北京前，我画了这幅画，写了这首打油诗：

> 一曲溪流细向东，亲亲林木绿荫浓。
>
> 未邀自到倭瓜老，如约而来扁豆红。
>
> 正莳花时逢紫蝶，偏除草处遇黄蜂。
>
> 新朋最属徜徉鹿，落日窗前影带风。

小区干洗店

二十多年前，刚搬到这里时，看见社区里有一家干洗店，店主人是个小伙子，我曾请他帮忙洗窗帘。窗帘是很厚的绒布，小伙子来到家里，登上梯子，把窗帘摘下来，沉甸甸地扛了回去，洗好之后，又沉甸甸地扛了回来，登梯爬高，把几个窗帘一一安好。出门前，他微笑着对我们说："看家里就你们老两口，以后有什么需要我干的活儿，就找我。"

世事匆忙，变数极多。二十年过去了，干洗店还在，装潢一新，换了主人，变成连锁店，还换了店名。二十年前，它只有一个朴素的店名，叫干洗店。

洁干 洗连锁

社区干洗店　　Fuxing　2022.8.19.

和平里

　　和平里是北平和平解放之后不久建设的一个新社区，新建起的一片红色楼群，改变了老北京灰瓦灰墙的四合院格局。和平里的名字是为了纪念 1952 年在北京召开的"亚太和平会议"。

　　我在和平里住过八年。那里有个和平鸽的雕塑，立在街心花园里，成为和平里醒目的地标。这个和平鸽的雕塑是北京城最早出现的街头雕塑之一，与和平里街名相吻合，也和人们对和平向往的情感相吻合。

　　前不久，路过和平里，我专门到和平鸽那里看了看，三十多年未到此地，竟然一时没有找到熟悉的和平鸽，我心里一惊，莫非它飞走了？

　　周围的树木长高了，葱茏茂密的枝叶把它遮挡了。和平鸽，这个曾经在整个和平里街区那么醒目的雕塑，显得那么不起眼。

初春　FUXING 2024. 3. 9.

多年未到和平里，那里和平鸽雕塑有岁月记忆 Fuxing 2021. 4. 25.

老院我家

记不清有多少次重回老院。不知为什么，只要路过前门，脚就会往东一拐，情不自禁地走进紧靠前门火车站的那条老街，一直走到老院。

如今，老院已经被翻建一新，好在原来的格局未变，最里面的三间东厢房就是我家。房前的那棵老槐树还在，树干嶙峋，枝叶凋零。那三间房，原来是主人家的厨房。记得我家刚搬进来时，紧靠南边的灶台还在，拆除灶台的时候，父亲发现里面藏有几块金晃晃的东西，以为是金条，拿到店里去卖，人家告诉不是金子，是黄铜。原来是当年主人家为了吉利特意埋在灶台里的。

站在空无一人的老院里，望着我家那三间东厢房和曾经熟悉的一切，仿佛看到我小时候的照片，看到岁月曾经留下的影像，听到时光流逝的声音。多少孩提的欢乐，少年的忧伤，青春期如春潮翻滚的多愁善感，都曾经在这里发生。多少人来人往，生老病死，爱恨情仇，纷至沓来又错综交织的记忆，也都曾经在这里起落沉浮。

粤东会馆老院　Ru XING　2022.12.24.

辑三　红墙碧瓦，皆是风景

每一座城市都有属于自己的底色。底色，象征着城市的性格和历史积淀下逐渐形成的品质。

天坛斋宫

　　童年，家离天坛很近，常去那里玩，却从未去过斋宫。八年前，2016 年，重到天坛逛了一圈。来到斋宫，发现这里是整个天坛最美的去处，犹如颐和园的谐趣园、香山的静宜园、北海的画舫斋，一样是漂亮的园中园。

　　和人头攒动的祈年殿相比，由于远处一隅，斋宫游人少，很幽静。特别是进东门，未到敬天大殿前，有两排龙爪槐，绿叶袅袅，俯首低垂，像是拱卫在殿前的仙童仙女，真是漂亮而温和。再炎热的天气，也清爽了下来；再纷乱的心，也清静了几分。

　　当时想，如果换成高大的槐树，和天子所住的斋宫倒是意象吻合，却没有了这样的氛围和意境，那应该种在皇家寺庙中合适，种在这里——皇上祭天前清心持戒的地方——却不大合适。

　　明知道这样年轻的龙爪槐肯定是后种的，因为八国联军入侵北京的时候，斋宫已经成为"兵营"，这里已经被侵略者的铁蹄践踏得荒芜一片，但我还是觉得龙爪槐补种得恰到好处。

　　于是，我画了这幅斋宫东门内绿意葱茏的龙爪槐。此后，我常来天坛画画。

　　这是我画天坛的第一幅画。

天坛那景

RuxiNG 2016·10·30.

天坛古树

　　天坛里最多的树木该是柏树，据说，树龄在几百年之上的就有几千棵。在天坛，柏树的代际区别是极其明显的。内垣和外垣前是年轻的新树，散落在园内的很多柏树则是老树，甚至有明朝就有的六百年以上的老柏树。在植物之中，比起娇艳的花草，树的生命要长久得多。人类和树比，哪怕是帝王，都无法与几百年乃至上千年的树木相匹敌。

　　很难设想，天坛里如果没有了这些古柏会是什么样子。俯瞰祈年殿和圜丘四周，如果只是一片光秃秃的地面，或者是一些杂花新树，该会发出怎样的喟叹？肯定会感觉像是元帅麾下没了威武成阵的将士，只剩一些花拳绣腿。

　　走到这些古柏密密的荫下，有时，我会想，没有了古柏，哪怕是盛开着鲜艳花朵的诸如桃李海棠一类的树，簇拥着祈年殿和圜丘，也是不适合的。只有古柏才和天坛剑鞘相配，才能如同彩云拱月，托起整个天坛。

　　我画的这棵古柏在祈年殿北门，长廊西侧。这棵树长得高大苍劲，很是醒目。这里是游客必经之路，在树前打卡拍照的人很多。

　　人在天坛，在这样荟郁森森的古柏面前，显得很渺小。

天坛古树　RUXING 2019.9.1.

天坛神厨

　　天坛长廊尽头拐角处，朝东开的一扇门内，是北神厨。宰牲亭里屠宰的牲畜，要运到这里做成祭品。比北神厨更大的，是神库，长长一溜，矗立在庭院正中间，如同一排列阵的威武的侍卫，等候皇上检阅。厨房里做好的各种祭品，都要先陈列在神库里，皇帝祭天的前一天，要到这里来亲自检查，当晚送进祈年殿供奉。从这里出门往前走不了几步，往南一拐，便进了祈年殿的院落。

　　神厨和神库像是祭天预演的舞台，彰显着皇帝对天的敬畏之心。它们在天坛的位置非同一般，建得如此排场，有其道理。神库前种植了一些柏树，高可参天，掩映神库的红墙、红窗、碧瓦，随风晃动着迷离的光斑，让神库更添几分幽邃和神秘。同属祭天的配套建筑，别看它和斋宫神乐署的大殿无法相比，但我每一次来，总觉得烟火缭绕之中，它笑不露齿，有几分谦恭，又有几分威严。厨师不仅要伺候皇上，还要侍奉比皇上更至高无上的老天爷，也是惹不起的呢。

天坛神库

小向导

　　在天坛的众多游客中，常见到很多孩子，很多是外地跟随父母一起来北京游玩的。对于古老的天坛，孩子们是不大懂的，与这里的古树和古建筑相比，其他公园里的山、水和游乐场更能吸引他们。

　　可以说，天坛不是孩子们玩的最佳场所。但是，天坛里怎么能没有孩子呢？孩子的出现，让古老的天坛从遥远的过去延伸到现在。有了衔接，天坛便像一位沧桑的老人，不仅属于历史，而且可以重抖精神，一步步走下祈年殿的汉白玉台阶，步入现在。

　　况且，孩子们的穿戴比大人要鲜艳，如果鲜花盛开，天坛更有生气。看我画的这个向导，穿得多么漂亮，长得多么可爱。她从导游的手里拿过那面鱼旗，小大人一样，煞有介事地招呼着一群大人。

　　我是在北天门前的甬道上看见她的。一眼看到，就忘不了。

天地可爱的小狗.导 RuxinG 2019.8.24.

多年未到圜丘

重到天坛多次，却没去圜丘，主要是人老腿弱，有些畏惧它那一层层的高台阶。

上一次去圜丘还是我结婚前一年的冬天，女友从天津来北京，陪她去逛天坛内的圜丘，在圜丘上面的汉白玉栏前，在圜丘下面的红墙碧瓦前，拍了好几张照片。那是 1976 年，眨眼已是四十多年前，流年暗换，人生如梦。

四十多年，对于一个人的人生，是很长的一段时间；对于已经有着几百年历史的圜丘，却是不值一提的。在天坛，苍天在上，人是极其渺小的。

我画了好多幅圜丘，这幅有点意思。蓝色、红色，调得浓些，用笔蘸水再染色，在画纸上毫不犹豫，一挥而就，真痛快！四十多年的时光，就这样飞逝。

天拉開豆拉么有多年未來過了　PHONG 2010.5.14.

老街蚨隆店

　　清末，前门火车站一建立，近水楼台先得月，前门一带，一时旅馆如雨后春笋般大增。同治年间的《都门纪略》中记载，北京旅馆有 107 家，前门一带有 64 家。到了光绪年间，《朝市丛载》中记载，北京旅馆有 101 家，前门一带有 87 家。可以看出，前门一带的旅馆明显在增加。根据书中的记载，前门一带的旅馆主要集中在西打磨厂和西河沿两条老街，占据了前门地区旅馆数量的一大半。

　　我家住西打磨厂，由于关心这条老街的旅馆，便把这些旅馆记了下来，如鸿泰店、聚泰店、德泰店、同泰店、泰昌店、会成店、太谷店、悦来店、三义店、玉隆店、永兴店、全盛店、蚨隆店、德兴店、吉顺店、升升店、恒发店、恒和店、公和店、万福店、吉隆栈、宝盛合店、中尚古店、万福西栈、新大同店、兴顺车店等。

　　这些旅馆，好多依然存在，只是都变成了大杂院，蚨隆店是其中之一。这些年，我有时回老街走走，画画，发现蚨隆店和我小时候见到的一样，似乎一点变化没有，依然定格在以往的岁月里。画上的它，似乎更好看。

亚邦磨豆坊隆庄 FuXiNG 2022.9.15.

潭柘寺之秋

秋天，北京公园里，天气宜人，色彩丰富。最夺目的属潭柘寺。那里的千年银杏古老的金黄，可以说是北京秋色之冠。

那天，在银杏树下，我看到这位孤独的姑娘。她身穿棕色薄呢大衣，围着天蓝色长围巾，倚在树前的栏杆上，不是在照相，而是在看手机。没有伴儿，孤独一人，头顶那一派耀眼的金黄似乎与她无关。无关？为什么站在银杏树下？

周围都是和银杏树一起合影的人，很多是和她一样年轻的姑娘，都穿着和她一样漂亮的衣服，嘻嘻嚷嚷一片。我的画都画完了，只有她还在不停地低头看手机，不知是谁给她频繁发来短信，或是她在给谁频繁发去短信。

津柏峯 郊景　FuXing　2022.12.23.

仁寿殿前

仁寿殿前，一年四季，永远游客众多。这里一般是游客进入颐和园正门之后首先到的游处。

前年夏天，在仁寿殿门前，我看到一位身穿连衣裙的漂亮女子，她拿着手机，在门前的台阶上不停地转悠，不知道要干什么，显得焦躁不安。我猜想，或许她在等人而久等不至，或许想拍照而不好意思求人帮忙。漂亮姐儿，一般都比较有性格，如果是前者，她可能正怒火中烧，怎么可以让女方等男方？如果是后者，她可能有些矜持，希望有人能知道自己的心思，主动前来出手相助。一般这样的女人，倘若要落泪了，早就有香罗帕递将上来。

我站在一旁，仔细观察她好久。她像演独角戏一样，一直在仁寿殿门前转腰子。一瞬间，我很想走上前，问她是否要照相，我来帮忙。可是，我犹豫了，没有去。万一她不是为拍照，只是在等人，我的"英雄救美"不就是热脸贴上冷屁股？

不一会儿，她走了。我画了这幅画。

（二十四节气场）RUXING 2022.9.16颐和园

来今雨轩

　　中山公园的建立要感谢朱启钤，他当时任内务部总长兼北京市政督办，有这份权力，当然，还得有这样的眼光和公心。1914 年，仅在一个多月的时间里，他就将这个已经破败的皇家园林初步改建成人民的公园。来今雨轩的建立，也要感谢朱启钤，他懂建筑，中国营造学社就是他创建的，来今雨轩这个名字，也是他取的。

　　来今雨轩一度是名人荟萃之地。它的冬菜包子，至今声名远播，几乎成了来今雨轩的代名词。如今，风清日和之时，坐在这里的亭台上尝尝包子，看看风景，怀怀旧，是很惬意的事。因有了历史、风景和记忆等多重元素的加入，冬菜包子吃起来便不只是肉末和冬菜两种味道了。

　　特别是想起"文革"期间来今雨轩前面的花坛里改种棉花的奇景，更会格外感慨世事茫茫难预料。再想想，那时候伴随来今雨轩半个来世纪的"来今雨轩"老匾额（当年由民国时期大总统徐世昌题写）都可以被卸下来当作厨房的面板，就更会令我们拍案惊奇，觉得来今雨轩像个神奇的魔方，不可小觑。

多年未到的某个亭轩 FuxinG 2022.9.18 凡山画

湛清轩

湛清轩是颐和园谐趣园一景。秋深时分，这里很漂亮。东西两侧密密的树叶，黄的如金，红的似霞，红黄绿相间的，像三色堇花。来照相的人特别多，来晒太阳的人也特别多。照相的，大多是年轻人；晒太阳的，大多是老人。

湛清轩朝南，有高高的台阶，坐在两边的长椅上晒太阳最合适。而且，居高临下，谐趣园被一览无余。

那天中午，我在湛清轩看到一对老夫妇正打开饭盒准备吃饭。老两口比我大两岁，以前是小学老师，他们美美地吃完，老奶奶打开一个保温杯递给老爷子。我冲老爷子说："看您多美呀，有吃的，还有喝的呢！您这是喝的什么宝贝呀？"

老爷子举着杯子，兴奋地对我说："老婆子熬的莲子银耳汤！"

"今年的新莲子，女儿从湖南湘潭寄来的湘莲！"老奶奶说话了，话中几分得意。

一问才知，女儿远嫁湖南，一直想接他们去湖南，但老两口一直枯守北京。

"每天能到这里来走走，女儿也就放心了。"老奶奶轻轻地叹了口气，又对我道。

我画的湛清轩这位女性，希望是老两口的女儿吧。

猗趣园港湾轩 KUXING 2022.9.20 [signature]

北京四合院

　　四合院是北京城的标配，甚至是象征。真正的老北京四合院，如今已经不多。"天棚鱼缸石榴树，先生肥狗胖丫头"，是真正的四合院首先讲究的几种硬件。如今，先生和肥狗还能见到，其余的难见了。

　　清竹枝词有道："绿槐荫院柳绵空，官宅民宅约略同，尽揭疏棂糊冷布，更围高屋搭凉棚。"这里说的是立夏前后，无论官宅民宅，只要是四合院，都要糊冷布、搭凉棚，还有挂门帘，如今难见了。

　　当然，这些四合院硬件的消失，是时代发展、物质丰富的必然结果。但是，仅就传统的门帘而言，一直延续到 20 世纪 80 年代甚至 90 年代，不少人家仍用塑料线绳和玻璃珠子穿成珠串，编成帘子；还有的用旧挂历捻成一小截一小截，和炮仗里的小鞭差不多大小，用线穿起来，挂历的彩色变成了印象派的斑驳点彩，有一阵很是流行。那几乎是上一代人的北京记忆。

　　我画的这幅画，不是传统的四合院，而是改造后带有现代化设备的四合院。

　　我不知道，哪个更好。

BEIJING　　　　　　2022.5.10　　Beijing

红墙

每一座城市都有属于自己的底色。底色，象征着城市的性格和历史积淀下逐渐形成的品质。北京这座古城的底色，在我看来，主要由红色和灰色构成。

红色是代表北京古城帝王宫廷的色调，这种红色，在故宫里最为明显。在古典园林中，北海、天坛、颐和园，那无数道红墙，是故宫红色的扩张与蔓延，无时无刻不在昭示着皇上的旨意和气度。

灰色是代表北京普通百姓的色调，这种灰色，在城里城外的四合院中最为普遍。灰墙灰瓦，铺铺展展，簇拥着皇宫那一抹红色。如果站在景山看北京城，灰砖灰瓦，如灰色的海浪一样，直翻涌到城市的天际线，是世界上其他城市都没有的壮观。

无论缺少了红色和灰色中的哪一种颜色，那都不是北京了。这两种颜色，分别代表着皇家和百姓两种文化。

我画的这段红墙，是天坛柴禾门。红色，容易出彩；灰色，画好了不容易。但北京城大多是被灰色所浸染。

青岛即景

青岛，我去过好几次。论风景好的城市，青岛是其中之一，那里有山有海，有老建筑。八大关的风景，树木和房子，通往海边幽静迷人的小路，更是别处没有的。我特别希望有时间自己可以一个人抱着一本速写本，拿一盒彩铅，走街串巷，爬山过海，从八大关到信号山，从栈桥到石老人，挨个画个遍，那才叫过瘾！

当然，这是一种奢想。每一次去青岛，都是行色匆匆，走马观花。风景，需要静静观赏才是。所谓"相看两不厌，只有敬亭山"。

我画了好几幅青岛风景。这幅福音堂，只是其中之一。

青岛福音堂　　　FuXing　　　2023.9.21.青岛

穿越

　　我爱到谐趣园画画。春秋两季，来这里拍照的人很多，最引人注目的，是身着清代服装的女人。她们踩着高高的木屐，满园游走，一时间让人误以为跌进前朝，老佛爷今天就要驾到，宫女们方才这样忙忙叨叨。

　　涵远堂西侧，有游廊环绕，有山道通往霁清轩，有青竹簇拥和树木参天，秋天叶子红时更是漂亮，来此拍照的人很多。我常去那里画画，衣着鲜亮的游客是最好的模特，可以让盒里更多的水彩派上用场。

　　那天我去那里画画，看见一位年轻姑娘站在涵远堂的高阶上，她身穿清代服装，正伸手向天摆出一个姿势，定格半天，等着旁人给她拍照。她的背景是绿色的游廊，红色的柱子，还有一片醒目的红叶。不知道清代的宫女是否也有这样的造型。不知这样的造型，会将皇上迷倒，还是让皇上恼怒，杖打宫女几十大板。

三座门两代人

天坛的门很多，各种门共 85 座。三座门是其中之一，并不起眼。它位于成贞门西，斋宫南偏东一点。

在圜丘和祈年殿之间，有一道东西走向的隔墙，三座门是这道隔墙中间一道界墙门。中间一座铺着绿琉璃瓦的门楼两边各有一座随墙门，不知是不是后来开的。正因为一大两小这样三座门，才被称为三座门，应该是俗称，像乡下的小孩子没有正式的名字，随便叫作狗蛋、丫蛋之类的，和成贞门、祈年门、祈谷门不可同日而语。

前年中秋节下午，暖如夏日，三座门前，我看见一边走着一对年轻男女，一边走着一对老年夫妇，两者中间隔着甬道，像隔着一条河，互不干扰，也互不打扰。当然，他们也许根本互不认识。但是，不知为什么，我忽然心生感慨，或许是因为自己老了的缘故，我想，用不了多久，这一对年轻人也会变老。日子最不禁过，人生如梦，人的一辈子就是一眨眼的事情。

记得以前看过电影《金色池塘》，赫本和亨利·方达演一对老夫妻。"你是全世界最可爱的男人，只有我知道！"电影里，赫本这么说。我也想对那一对年轻人说："别觉得这一对老人那么老了，他们也是全世界最可爱的人呢！"

灵枚三座门初稿　RUXING+ 2022.9.10 作于北京

谐趣园三岁的双胞胎

谐趣园的涵远堂前，有一块不小的方坛探进水中，成了人们照相的首选之地。这里临水，靠荷花最近，俯拍的话，满池荷花亭亭，荷叶连连，最是美不胜收。

那天，有一对三岁的双胞胎，一男一女，一身清朝服饰，盘腿坐在这里照相，身边摆着一个漆木方盘，外黑内红，摆着水果、小点心和新剥的莲子。真是可爱！围观者不少，摄影师似乎觉得机会难得，化妆的人、布置道具的人、打银板补光的人，各司其职，一丝不苟，精益求精，不厌其烦地一遍遍拍照，不停地补妆，摆好孩子的坐姿。

夏日炎炎，摄影师耐心，但两个孩子哪里受得了。一个高个子的女人不时走下去，安抚孩子。我猜想，她肯定是孩子的母亲。等她走上岸，一问，果然是。她一脸汗珠，把精致的妆容都弄花了。

"今天是孩子三岁的生日。"她忍不住告诉我。

消趣园三期的睡船

Ruxing 2022·8 31.

北京老字号

真正的北京老字号，现存不多。所谓真正的老字号，指的是原址、原店、原字号未变，如果有一处变了，比如迁址了，店铺门面基本不存，或者老字号的牌匾没有了，都不能称之为真正的老字号。以大栅栏地区为例，原有上百家老字号，十分密集，如今，真正称得上老字号的，瑞蚨祥、同仁堂、六必居大概是硕果仅存的几家。

我画的这幅老字号，是对照老照片画的，那是 1843 年一家叫作三合号的老店铺，不知是卖什么东西的。看照片，店铺很大，布置堂皇，有前后堂，应该买卖不小。

这幅画，我整整画了一整天。

老字号的历史财富，是历史的活化石，不可复制。画它容易，但是，只在纸上复活，难有血，有肉，有生命的气息。

1843年北京纳道客栈 Fuxing+ 2018.5. BLOOMINGTON

辑四　岁月偶思，回忆悠长

世上的事情，总难尽如人意。并不是每天都会阳光灿烂，阴霾的日子，总会时不时地围绕我们身边。

分手或约会

　　画画，比写作好玩，因为只是自娱自乐，既不为发表，也不为展览，便没有功利欲望，没有任何负担，可以随心所欲，信笔由缰，想画什么就画什么，想怎么画就怎么画。就像萧红写她家的菜园："倭瓜愿意爬上架就爬上架，愿意爬上房就爬上房，黄瓜愿意开一个谎花，就开一个谎花，愿意结一个黄瓜就结一个黄瓜……玉米愿意长多高就长多高……"

　　画这幅画的时候，自己也没有想清楚这两个人是什么关系，是恋人分手，还是朋友约会，便不管他们，只是瞎画，注意的是色彩要浓郁点，尤其多用了紫色。紫色，尤其是明亮的紫色，不是那种很浓很深的紫色，是一种高贵的颜色，在画面上很醒目，让那两个人，如果是恋人分手，也显得忧郁些，如果是朋友约会，也显得有些意境和氛围。

　　自然，都是自以为是的感觉。

无处不在的手机

那天，参观美术展览，看见一位年轻的女人侧身站在玻璃窗前，不停地看手机。明媚的阳光透进窗子，为她镀上了漂亮的剪影，让她成为展览大厅里另一幅画，镶嵌在窗玻璃框中。

特别是她一边不停地用手指按动手机，一边不停地变幻着脸上的表情，不仅吸引了我，很多人的目光都落在了她的身上。她却丝毫没有注意到，旁若无人，只是专注地看手机。

手机，真是一个神奇的所在，是一项伟大的发明。自从普及之后，手机几乎无处不在，无时不在。无论在家，在办公室，在街头，在车站，在剧场，在餐馆，在地铁里，在飞机上……几乎都能看到人们低头看手机。不是看微信，就是看朋友圈；不是发微信，就是发朋友圈；或者看视频，或者看直播。那一瞬间，人们的表情，变得从未有过的丰富多彩。

真的，不仅在私密的个人世界里，在众多的公共空间，手机，只要有手机，就会让人们的表情丰富起来。

FUXING 2014·9·20 光亮明报

倒影

看过一个小学五年级的孩子写的诗，名字叫"影子"：

影子的出现
让孤独的桥
有了朋友

写得真好，一看就记住了。

倒影，也是影子的一种。倒影，一般只会在水中出现，有了水的加持，其滋润的作用，让影子有一种湿润梦幻的感觉，尤其是如果有风吹过，倒影还会婆娑摇曳，在水中舞蹈，是一般影子少见的。

我画这座房子在水中的倒影时，没有水彩，用的是儿童马克笔，很难让倒影有水淋淋的感觉，便找来一张卫生纸，用水洇湿，再把马克笔的颜色涂抹在湿纸上，然后用这蘸有颜色的纸，涂抹小河的水和水中的倒影，以及天空和云彩。不住地来回涂抹，居然也有了一些皴染的效果。

画，哪怕是再次作的画，只要是自己画的，便有自己的心思，哪怕只是一点小小的心思，即便如萤火虫腹部末端的那一点闪亮，也是一点亮。倒影，便也是我自己心里的倒影。

海边小姑娘

　　海边的小姑娘，和海最相配，更何况是在沙滩上奔跑的小姑娘，身后还跟着一只可爱的小狗，宜水宜风，宜心宜情，是最好的一幅画面。

　　我是用彩铅画的。那时候，我的画笔升级，我不再用儿童的马克笔，买了一大盒彩铅，笔芯柔软，很好使，似乎和那个小姑娘、那条小狗、那片沙滩和大海，也很相适宜。红色的条子长衫和蓝色的条格帽，让这个小姑娘格外活泼，跳跃的步子格外有弹性。

　　只是天有些阴，太阳被薄薄的云彩遮挡，变成了白太阳。有什么办法呢？世上的事情，总难尽如人意。并不是每天都会阳光灿烂，阴霾的日子，总会时不时地围绕我们身边。

FUXING 2014.11.

古堡之春

那天，孩子们上班的上班，上学的上学，家里清静空旷。无所事事，看见柜台上摆着一幅印刷品的黑白木刻画，是孩子外出游玩时买回来的，便将画取了下来，摆在桌上临摹。

画面上画的是一座古堡的一隅。沧桑的感觉，一目了然。古堡和宫殿不一样。宫殿，大多会经过历代的修葺，甚至会重新涂饰，簇新得金碧辉煌。古堡一般不会，如果有人居住，会变换新的用途，因有人气会好一些。如果没有这样的色彩斑斓和堂皇，古堡便如出土文物一样，经受岁月风雨的洗刷与剥蚀，石麟埋没藏春草，铜雀荒凉对暮云，一派沧桑浑茫，犹如步入以往流逝的岁月，跌入前朝旧景之中。

我国现存的宫殿多，但古堡很少。在国外，我见到最多的古堡是在法国的卢瓦尔地区，密集的古堡遍布河畔或山岭。眼前这幅木刻让我想起了那年春天到卢瓦尔看到的香波堡、昂布瓦斯城堡等古堡。石头的建筑，总能存活那么久，比人的生命更长久。

这幅《古堡之春》，我画了整整一个上午。

古堡之春　　ZHUXING　2018春末 Bloomington.

水边琴韵

　　几年前夏至那天，大家被通知到小区门口做核酸。人们陆陆续续向小区门口走去，路过小区水系的池塘前，我看见一个八九岁的小姑娘正盘腿坐在池塘边的木板上弹琴。那是一架仿古的木琴，小姑娘身穿漂亮的汉服，和木琴融为一体。尽管琴声稚嫩，却也是天籁之音。

　　当时，孩子们无法到校，只能在家中上网课。能够出来透口气，散散心，真是难得。这需要一点勇气和信心。很多人待在家中，除了出来做核酸，很少出门。

　　这个小姑娘，让我难忘。她的琴声，让我感动。做完核酸，回到家，我画了这幅画，让那段艰难日子里荡漾起难得的琴声。不管怎么样，这个世界，不能缺少琴声。

水边其树　Zuxing　2022.6.21夏至

春天的心思

去年的元宵节，我画了这样一幅画。

家里，除了我们老两口，没有一个人，非常清静；窗外，没有火树银花；街道上，也是空无一人。记得刚搬来的那年，从大年初一到正月十五元宵节，鞭炮声一直不断，夜空中总有烟花腾空，映照得窗户五彩斑斓。

时间流逝得无声无息，却是老眼惯看南北路，流年暗换往来人。

元宵节一过，春天就快到了。春天的心思，就是人们希望的心思。谁都希望能够过得好一些，灾难少一些。

我画了两个女人。为什么要画两个女人，我也不清楚。画两个男人不成吗？画两个孩子不成吗？或者，只画一个女人不成吗？

当然，不是不成。可是，我偏偏画的是两个女人。香草美人，自古是美好与希望的象征。

龚自珍诗云：香草美人吟未了。

癸卯之春　FuXing 2023.2.5 元宵节

闻一多故居

　　那天，读到闻一多的一首诗《梦者》。诗很短，只有四句：

　　　　假如那绿晶晶的鬼火，
　　　　是墓中人底
　　　　梦里迸出的星光，
　　　　那我也不怕死了。

　　其实，写的就是一句话：鬼火是墓中人梦里迸出的星光。鬼火、梦、星光，三者不挨不靠，拼贴在这里，营造出一种奇异的效果，将阴森森的鬼火写得人间味儿浓郁，写得温暖照人。

　　我很喜欢这首短诗，觉得比他有名的《死水》和《红烛》更感人。在这首诗里，可以看出闻一多不畏生死的勇气、对希望的信心，以及他不畏强权而牺牲的形象。在这首短诗里，我看到他思想的轨迹。"梦者"，其实就是他自己。

　　我画了这幅画。

茅岛阉一岛故居　Fu XiNG　2023.2.11.

夏天到了

去年五月，天气转暖，刚刚有点夏天的意思，我到餐馆吃饭，因为疫情，我已经很久没有到餐馆吃饭了。那天我去的这家餐馆里空荡荡，除我们老两口，居然没有另外的客人。过了一会儿，才看见一家三口走了进来，落座我们旁边不远的一张餐桌前。

小两口带着一个孩子，孩子不大，大概只有三四岁。大概和我一样，他们也好久没有来餐馆吃饭了，一切都显得有些陌生，尤其是那个小孩子，他坐在父亲身上，不敢乱动。母亲伏在爷俩身后，和丈夫商量点菜，丈夫已经迫不及待地脱下外衣，仅着半袖衫了。

夏天到了，天热了，一切又要重新开始了。

我抽空画下了这一家三口。

夏天到了 卯五月 海婴

139

街头婚纱照

去年三月，路过东交民巷，在西口的圣米厄尔教堂[①]前，簇拥着好几对拍婚纱照的人。三月的天气春寒料峭，他们穿着单薄的婚纱和西装，尽管有些瑟瑟发抖，仍然精神抖擞，听凭摄影师指挥，碎步轻摇，希望留下青春美好的纪念。

在北京，有这样教堂西式背景的地方不多。婚纱本是西式的，选择这样的地方当然更相宜一些。我心想，在这样的开春时节，不仅是北京，全国多少这样的地方会有拍婚纱照的人呢？这里只是一个缩影而已！不管什么情况，不管怎么说，这个动荡的世界，还应该是属于年轻人的。

回到家，我画了这幅画，写了一首打油诗：

> 不觉窗前柳先绿，街头又拍结婚装。
> 白纱不记黑纱泪，红粉已忘青雪殇。
> 旧史谁悲忧患事，新人独爱彩衣裳。
> 从来后浪冲前浪，莫叹流年逝水长。

---

① 圣米厄尔教堂，也称圣弥额尔天主堂，始建于 1901 年，1995 年公布为北京市市级文物保护单位。

李文民艺术影视绘画 凡高 2023. 3.10.

人生入秋

深秋时节，在公园里看见一位推着婴儿车的妇女。车里坐着一个小姑娘，大概也就不到两岁，一动不动，不知是睡着了，还是聚精会神看着什么地方或什么东西。

女人看不出多大岁数。如今，化妆术发达，精致的妆容让女人显得很年轻。她穿着一件玫瑰红的紧身毛衣，把上身突出的线条勾勒得棱角清晰，下身一件白色的长裙，在周围一片金黄的秋色中很打眼。但是，这身穿着似乎和季节多少有些不符，似乎夏天更合适，脚上一双黑色的长筒靴，倒是很搭。总之，这一身着装有些不大搭调，却也可能是有意为之。

不管年龄大小，女人只要有了孩子，就仿佛进入了人生的秋天。春花待放和夏花烂漫的季节，属于过去了。

这个女人的目光久久望向别处，并没有落在婴儿车里的孩子身上。

FUXING   2023岁末

读书有味

"我读残编食忘味，朱弦三叹有遗音。"

"读书有味聊忘老，赋禄无多亦代耕。"

这是放翁的诗句。我很喜欢这两联诗，一个是忘味，一个是有味，都是读书带给他的感受和感觉。前面的忘味，忘记的是吃的味，实际上，和后面的有味是一个意思的两种表达，反复咏叹他的读书之乐。味之有无，在于书的有无之间。

想放翁晚年，贫病交加，老态纵横。他却说：

"贫犹思施乐，老不废观书。"

"鬓毛焦秃齿牙疏，老病灯前未废书。"

"岂知鹤发残年叟，犹读蝇头细字书。"

如此对比，便忍不住想，我呢？我们呢？

読書有味聊忘老
庚辰春月 得寧

自拍

公园里，常见自拍者。在天坛的北天门外，我看见一对情侣自拍，他们很讲究，有自拍架，且那个男人不断调整自拍架的角度，希望留下一张满意的留影。

四月初春，春寒料峭，女人已经迫不及待地穿上了连衣裙。女人个子很高，男人比女人矮了很多，让我忍不住想起冯骥才写过的一篇小说《高女人和她的矮丈夫》。

只是不知道眼前的这个矮个子男人，是不是这个高个子女人的丈夫。

天坛北天门前 Fuxing 2023. 4. 6.

闺密或情敌

秋天的中午，颐和园的龙王庙前，非常幽静，红墙，黄瓦，绿树，色彩浓郁，只有我和对面的两位年轻姑娘，没有别的人。我在画龙王庙的大门和红墙，她们紧靠在一起，坐在白皮松前的环形长凳上聊天。

我的画画完了，她们还在聊，坐姿一点没变，我才发现她们的身旁放着一个挺大的饭盒，没有打开，还没有吃呢。看来，她们还得接着聊一会儿呢，我便转过身来，开始画她们。

边画边猜想，她们应该是闺密吧？要不然话不会这样的长长流水一般流个不停；也许，是情敌呢？没听说如今流行一句顺口溜"防火防盗防闺密"吗？越是如胶似漆的闺密，越容易反目成仇。

望着眼前这两位姑娘，突然间冒出这样恶毒的念头，我有些不好意思。

Fuxing 2023 叶上

美术展上的速写

虽画得不怎么样，就是个"二把刀"，我却特别爱揣着本速写本，煞有介事地跑到外面画活人活物，觉得那才叫画画，有别处找不见的乐儿。

那天，去中央美术学院美术馆看画展，看见了几位美女正站在一个大型雕塑前合影拍照。正是十月初秋，她们都穿着长筒黑皮靴、漂亮的薄呢大衣，手提肩背着各式时髦小包，摆出各种姿态。那姿态随意却很美，是青春时节独具难再的美，一下子吸引了我的目光。

她们似乎知道我在画她们，也似乎清楚我是个"二把刀"，便格外照顾我似的，站在那里特别长时间，让我手忙脚乱地画完。虽是匆忙潦草，我却挺满意，觉得比在那里正襟危坐画得要好。主要不是画得好看，而是画得好玩。

几位美女身后的雕塑我没画，也不好画，回到家，补了几笔粗粗的线条，觉得效果还不错。

美术上的美术　Rixin G 2017.10.25.

春天的约会

公园是约会最好的去处，幽静又开阔，清风朗月不用一分钱，比到饭店、咖啡馆、酒吧要好。

春三月，看到这样一对年轻人约会。他们坐在长椅上，中间却隔开了距离。男女穿得都很时髦，最有意思的是，他们都蹁着腿，只不过，一个朝左，一个朝右，脸也扭着，谁也不看谁，谁也不说话。

约会中的距离，一般有礼貌的距离和生气的距离之分。前者，是初次约会或分手的前兆；后者，是真生气或赌气，故意拉开的距离。前者的距离，一般能逐渐缩短或难以弥合；后者的距离，则可以在瞬间消失，两人立刻拥抱在一起也不是不可能的。

不知道，这一对年轻人属于哪一种。

春天的约会 Fuxing 2023.3.26.

轮椅上

在天坛见到轮椅上的病人或老人，比其他公园里要多。大概天坛地处城内，交通方便。而且，除祈年殿和圜丘有台阶，其他大部分是平地，林荫处也多，便于坐轮椅的人行动、停靠和歇息。

但是，北海公园也在城内，交通也很方便，大多也是平地，为什么见到的坐轮椅的人比天坛要少许多？再一想，天坛四周遍布居民区，这些社区像是千层饼一样，紧紧包裹着天坛。附近的人们到天坛方便，甚至不过是一条马路之隔，便自然把天坛当成了自家的后花园。坐轮椅的老人或病人，到天坛来晒晒太阳，呼吸呼吸新鲜空气，是最好的选择。

我到天坛发现这一现象，每逢看到轮椅从身旁经过，都会格外注意，心里会不禁感慨，这是生活在天子脚下的福分。

有一天下午，在双环亭处，看见两个老人坐在轮椅上晒太阳，不时交头接耳地聊天。初冬的暖阳格外温煦，打在他们的身上和轮椅上，勾勒出明亮的光影轮廓。

双环亭下脯太阳 Fuxing 2022.11.20.

人来人往

有的人走了，有的人来了。一年又过去了。

我们要等的人，可能没有来，甚至可能永远不会来，让我们徒生思念而无可奈何。

我们没有想到的事，甚至不想要的事，可能来了，而且是突然来到我们的面前，让我们猝不及防而触目惊心。

这就是一年的轨迹。

雪泥鸿爪：泥上偶然留指爪，鸿飞那复计东西。

ZHXING   2022. 9. 24.

春分祭日

春分一到，春天真的就要到了。

过去人们讲究"春分祭日，秋分祭月"，将这两个节气的祭祀属性分割得格外清爽，又和大自然匹配、融合得那样恰如其分，按照我们文化的传统，则是阴阳的对立和交融。

过去，在老北京，春分时皇帝祭日，要去日坛；王公贵族去寺庙；普通百姓则到大自然中。花就要开了，树就要绿了，冰就要化了，桃花水就要流淌了……一切又有了希望。

这时候，应该有音乐响起，为春分祭日伴奏。音乐家斯特拉文斯基有《春之祭》，可惜，我们还没有自己的《春之祭》。我盼着我们自己的《春之祭》舒缓地奏响，让整个春天都弥漫起氤氲蕴藉的气氛。

春天快到了

春天快到了，毕竟还没到，玉兰还在含苞，风还有些料峭。

爱美或爱运动的人，心急地早早换上了春装。我看到一对男女，女的穿着长裙和半袖衫，黑白对比得格外醒目；男的穿着橙色运动衣、草绿色运动裤，颜色也格外打眼。就年龄而言，他们都不算年轻，女的黑发是染的，男的都有些谢顶了。

他们刚刚锻炼完，脑门上还有汗珠儿。锻炼的人显得年轻，有活力。他们让春天加快脚步，提前到来。

小说插图

今年，我新出版一部长篇小说，请来插画师画的插图。插图和我想象的不太一样，便随手画了几张，发给编辑，请他们参考。

这是其中一幅。画的是小说中一个叫月亮的孩子的母亲。孤苦伶仃的母亲一个人把月亮和她的妹妹拉扯大，雨中上班过崇文门大街时，被一辆汽车撞倒在湿淋淋的大街中央。

我知道我画得远不如插画师，但我对月亮的母亲、20世纪60年代初的崇文门街头，还有北京那湿淋淋的雨，要远比插画师熟悉，并多有情感寄托。画，需要技术，更需要情感。

Fuxing 2023. 11. 17.

辑五　草木荒原，风雪青春

无论是细碎的雪花，还是铺天盖地的暴风雪，它们构成我生活过的一个命运背景，成为磨炼我铸就自身情感的一种时代象征。

林中

印第安纳州，田野开阔，森林很多。在州立的森林公园里，有小溪和小湖。有的树倒映于水中，婆娑摇曳；有的树横躺在水下，静若禅定。

少有游人，特别幽静，信步漫游，仿佛无人之境，类似我们的桃花源，瞬间模糊了遥远的时空与距离。大自然，有这样的魔力，消弭了很多隔膜与隔阂。记得有一位哲学家说过，你把手伸进地球这边的海水，便立刻连着地球那边的海水。

在这里，适于休闲，适于画画，适于做梦，适于童话。

涧深松老忘荣谢，天阔云闲任卷舒。

园博园青塔墓之桥 FUXING 2014.9.8

田野

　　印第安纳州是美国的一个农业大州，那里的西瓜、哈密瓜、桃、蓝莓等水果，以及西红柿等蔬菜的产量，在全美名列前茅。"印第安纳州大赛"每年举办一次。所谓大赛，不过是比谁的牛羊养得最好，谁种的南瓜、西瓜最重，等等。这样的比赛最显其本土特色。在我看来，这就像我们中国的大集，又像我们春节的庙会。

　　大集在印第安纳波利斯的会展中心举办，为期十六天。来自全州各地的人开着车，拉着羊，带着各种农产品和自己制作的各种手工艺品，从四面八方赶来。那几日，印第安纳州的田间大道、小路，车来车往，好不热闹。

　　这幅画就是我去赶集的时候在路上看到的景象。一望无际的田野，平铺到天边，很像我青春时所在的北大荒。阳光朗朗地照着，清风习习地吹着，田野里泥土、草木和收割后庄稼的清香混合在一起，轻轻地弥散。田野，没有战争硝烟的田野，平静，安详，让人感到踏实。

秋天，叶子红了

只有到了深秋时节，树的叶子才会变红。当然，也不是所有的树叶这时候都能变红，有的会变黄，甚至委顿成灰土色，零落成尘。深秋，从树叶变色可以看出大自然的魔力和树木本身的能力。

在一春一夏的平常日子里，所有树的叶子都是绿的，分辨不出彼此的性情和心思。只有到了这时候，就像经过了化学反应似的，有的树叶一下子红得耀眼，像是蹿起来一团团炽烈的火苗，像在和寒风的尽情调情中，禁不住抖动自己的身段，与风共舞一场《卡门》里的《斗牛士之歌》。

帕乌斯托夫斯基（Paustovsky）在他的小说《森林的故事》里，曾经这样说："我们可以看到，森林淋漓尽致地表现出了大自然庄严的美丽和雄伟。那美丽和雄伟还带有几分神秘色彩。这给森林增添了一种特殊的魅力……我们的森林深处产生着我们真正的诗歌佳句……"他还借用普希金的诗，说森林是"我那严酷岁月的女友"。

秋天，树的叶子红了，就是大自然这样庄严地美丽和雄伟的时候，是产生诗和真正珠宝的时刻。这些红得像燃起火焰的树木，就是我们"那严酷岁月的女友"。

绿

在古代，人们崇尚黄色和红色，绿色被视为低俗的颜色。以往宫殿的墙都是红色，瓦都是黄色。如今，依旧用红色象征革命或激情。曾经铺天盖地的"红海洋"和如今过年高高挂起的红灯笼，都是对红色经典和古老传统的挥洒和运用。

绿色，就差多了。"绿帽子"一词，不知何时流行的，其中的贬义是明显的。京剧脸谱里的绿色，常是妖魔鬼怪的象征，即便是人，也代表着莽撞蛮横。这是我国的颜色美学和伦理。

但是，我喜欢绿色。在大自然中，绿色总是占有时空的绝大多数位置。在田野里，除了收获季节的金黄色，春夏两季都被绿色覆盖。

我画了一位在绿色田野里的女子。似乎，只有女子和绿色的田野最相配，换成一个男子，好像和画面不那么相符。如果换成男子，田野的绿色，应该变成金黄色才对。

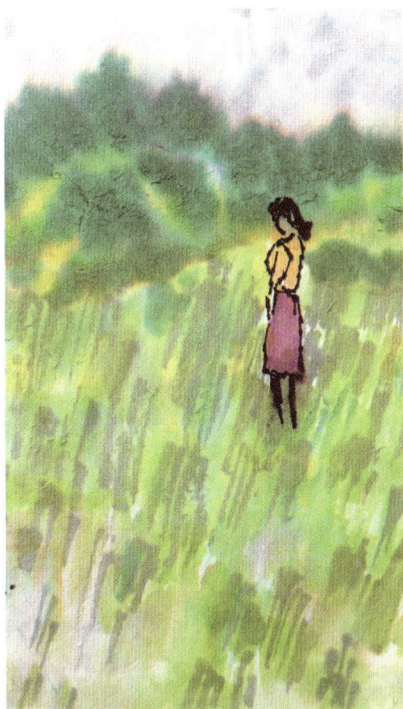

房前的郁金香

美国布卢明顿小城郊外一个叫海德公园的小区，我住在那里的时候，天天绕着小区散步，每一户人家前面种的花草都不尽相同。到了春天，姹紫嫣红，各显自己的园艺水平。

一户人家的落地窗前种的是一排整齐的郁金香，春末的时候，开着红色、黄色和紫色的花朵，点缀得窗前五彩斑斓，如一幅画，很是醒目。

没过几天，散步路过那里，看见郁金香的花朵整整齐齐地全部被割掉，我还以为是主人把它们剪掉，放进屋里的花瓶独享了。

有一天散步路过那里，看见主人站在屋外和邻居聊天。我走过去，和她打招呼，然后指着窗前那一排郁金香，问她花怎么一朵都没有了呢，她告诉我，都被鹿吃了。然后，她笑着对我说，每年鹿都会光临她家，吃她的郁金香。

我很奇怪，好像她种郁金香，不是为了美化自家或自我欣赏，而是专门为了给鹿美食。

这里的鹿很多，一年四季都会穿梭于小区之间，自由自在，旁若无人。这个小区种的花品种很多，我不明白，为什么鹿独独偏爱郁金香。

后来看专门描写林中动物的法国作家儒勒·列那尔（Jules Renard）写鹿，说远远看它像是"一个陌生人顶着一盆花在走路",便想起了小区的那些专门爱吃郁金香的鹿,它们一定是把吃进肚子里的郁金香童话般幻化出来,开放在自己的头顶,才会像顶着一盆花在走路吧。当然,那得是没人打扰且有花可吃然后悠闲散步的鹿。

春天还是来了

　　尽管冬天有寒风呼啸，大雪漫天，春天还是来了，像约会守时的情人。

　　街对面房前是一片开阔的田野，冬天，一片萧瑟，树木的叶子凋零，田野里一片枯黄，大雪过后，是一片肃穆的白色。而春天一来，这里像魔术师手里的一块魔盘，立刻变了颜色，树绿了，花开了，田野五彩斑斓。

　　我画的时候，把那片田野索性都涂抹成了红色，仿佛一块硕大无比的红地毯。在它的映衬下，那座白房子显得更白，蓝天也显得更蓝。都说春天是绿色的，这一次，我让春天变成红色的了。

金色之秋

秋天，我去印第安纳波利斯，陪孩子逛动物园。在靠近动物园的一个街心小公园，我画了这幅画。树叶一派金黄，像把金子打成碎屑，毫不吝啬地挥洒在每一片树叶上面，镀成这样辉煌的金色。

甬道尽头有一座绿色的木亭，被如此浓烈的金黄色包围，那一点点的绿有些受宠若惊，显得娇小玲珑，分外惹人怜惜。

我用孩子的油画棒画的这幅画。不会画油画，用油画棒最合适，用水彩，恐怕没有这种效果。我很庆幸用的是油画棒。

其实，那天，我什么画笔和颜料都没有带，只有孩子带来了油画棒。

RuXing T   2018. 5 Bloomington

田头样板戏

北大荒兵团组建后，几乎各个师部、团部都组织有"毛泽东思想文艺宣传队"，甚至有的连队也有。知青中，藏龙卧虎，一些有文艺细胞的人被挖掘了出来，其中不乏曾经经过专业训练的文艺人才。

"毛泽东思想文艺宣传队"，简称为宣传队。那时候，宣传队经常下乡为基层连队演出。到田间地头演出，更是为工农兵服务的一种时尚。演出的节目中，有自编自演的演唱歌舞，也有"样板戏"，后者更吸引人。我们团部演的是《沙家浜》，师部宣传队演的是《红灯记》，有点打擂的意思，大家看得更热闹。

我们六师的师长王少白，大手笔，特意从天津为宣传队买来一架钢琴，为"样板戏"伴奏。弹奏钢琴的是一位天津女知青。可以想见，将那么一个庞然大物搬到地头演出"样板戏"是一种什么劲头。在三江腹地的亘古荒原上，当地老乡哪里见过这洋玩意儿呀！

那真是一段风云激荡的岁月。有演《沙家浜》的，有演《红灯记》的，有演《红色娘子军》的，有演《白毛女》的……八仙过海，各显神通。

田戏择棋戏

FuXiNG 2019年元月

鹿是荒原之神

在北大荒，尤其在鄂伦春，老人们把鹿当作荒原之神崇拜。

当然，不是那种梅花鹿。梅花鹿，人工饲养，被驯化了。

在荒原上，常见的是狍子，很少能见到真正的野鹿。鹿，只在老人们的崇拜中和知青的想象中。

萋萋荒草，无论夏天还是秋天，无论绿色还是黄色，铺天盖地，随风摇荡，海浪般翻涌、呼啸，一棵连着一棵，前仆后继，直扑到天边，是别处难见的风光。荒原，如果没有了这样铺排浩荡的荒草，还配叫荒原吗？荒原里有很多动物出没，如狍子、黑熊、狐狸、狼、獾……哪一样能够和鹿相比，更能与这样荒草连天的背景相配？正如骏马雕鞍、美女英雄、葡萄美酒夜光杯最是相配一样，鹿确实是荒原之神！

所以，我把鹿画成了红色。我让鹿旁站着美女，是裸体美女，纯洁纯粹，不染一点渣滓，不染一粒尘埃。

我是荒原之神 Fuxing 2018年末

荒原归来

秋天收豆子，一人一条垄，朝东，八里地长，割到地头收工时已是黄昏。回队上吃晚饭，要往西走八里地。迎面的夕阳如一盏硕大无比的橙红色大灯笼，横空出世一般，悬挂在我头顶。在北大荒那么多年，我之前从来没有见过。夕阳居然可以这样巨大，大得像神话中的一样，可能只有在秋天收大豆时才会见到。

然后，我看到八里地外，我们二队家家户户炊烟四起。淡淡的白烟，活了似的，精灵一般，袅袅游弋。

夕阳在缓缓垂落，蔓延出的光晕渐渐把炊烟吞没。在炊烟的映衬下，夕阳缓缓谢幕时是那样的从容而有情、有意，夕阳的余晕渐渐吞没炊烟。收豆子真是又累又苦，但北大荒的黄昏却是那样的迷人。

就在我们还没有到队上的时候，夜色降临了。北大荒的夜色，也是那样的让人心动。当然，这时候归来，能有一个女知青陪伴，八里路再长也不嫌长了。

荒原上归来　　　PuXing 2019元月北京

荒原祭

五十五年前，1970 年 9 月 9 日夜，在荒原上挖沙子时，我们二队北京女知青李玉琪，被突然塌方的沙子埋没，窒息身亡。

事后听女工班的人说，把李玉琪从沙坑里挖出来的时候，她的身体还是温热的，谁都不会相信她已经停止了呼吸。入葬前，脱下她的衣服，她的肌肤是那样的柔嫩白皙，为她梳头的时候，沙子如水一样从她长长的发辫间滚滚流落，声音簌簌直响。

那一年，她才十七岁，连恋爱都还没有来得及谈，连一个青春的吻都没有来得及呀！一朵花，曾经那样的娇艳，带有少女独有的灵气和芬芳，含苞待放，还没有完全盛开，就这样凄然凋零，香消玉殒。

那天晚上挖沙子的活儿，本来是派男工班的，但因为白天男工班的几个知青偷吃了农场场部的西瓜和香瓜，被逼迫写检查，便临时改派女工班去了。命运的乌云，就这样阴差阳错地笼罩在了李玉琪的头顶。

男知青是幸存者，我们所有活着的知青都是幸存者。阴差阳错，可以说，李玉琪不死，知青中会有别人死，她是替我们死的。这就是那一场上山下乡运动中知青付出的最残酷的代价。李玉琪用柔弱的肩膀替我们承担了。因此，事后那么多年，我一直觉得，悲悼李玉琪，其实就是悲悼我们自己。

荒原之祭　RuXing 2018岁末

荒原之吻

在北大荒，知青之间的恋爱曾被禁止，被视为资产阶级思想而遭到批判。我所在的连队，就有过一场"夺人夺魂"的运动。这名字，不知是哪位高人所起，只听名称，便惊心动魄。不少恋爱中的知青在运动中遭难，围坐在火炕上，被人夺人又夺魂，灰头土脸，如丧家之犬。

但是，知青正处于青春期，恋爱如春天的花开雨落一样，谁可避免，又禁止得了呢？为此，恋爱中的知青男女发生的悲剧，不止个例。

这一对男女，我特别画成了裸体，因为恋爱纯属个人隐私，但在那个极左时代则毫无尊严可说。画面背景的处理，我学习了蒙克（Munch）《呐喊》的背景方法，颜色夺目的曲线，似乎更能表现那个扭曲的时代和我们被扭曲的内心。

格外吊诡的是，几年后，为倡导知青扎根农村，开始鼓励知青恋爱结婚，真是翻手为云覆手为雨，此一时彼一时也。

荒原之吻 FuXing 2019年元月

北大荒五十年

2018 年，距我们一群同学去北大荒已有五十年了。五十年前的 7 月 20 日，我们在北京火车站，乘坐上午十点三十八分的火车，离开北京。那一刻的北京，一声雄伟的汽笛长鸣，北京车站高大的建筑，突然一阵剧烈地抖动，我的心骤然一阵疼痛。

这个抖动，这个疼痛，一直绵延到五十年后今天的这一幅小画中。

在这幅小画中，我画的人已经变形。人的身前有一个稻草人，象征着今天的自己和遥远的青春，两者互为镜像，衔接着五十年前后。

蓦然想起李贺的诗句："垂帘几度青春老，堪锁千年白日长。"

这一天，我还写了一首小诗，纪念北大荒五十年：

> 不堪花事正芳菲，回首心惊万事非。
> 既将青春酬白雪，别将白发唱青衣。
> 莺飞草长浊水满，月落乌啼奢梦稀。
> 五十年间如梦里，潇潇一夜雨依依。

将第二联"既将青春酬白雪，别将白发唱青衣"，作为这张的画题。

既将新春酬白雪 别将白发唱春光

北大荒五十年记

戊戌 俊桐

191

红高粱

上中学时唱东北的歌："那里有森林煤矿，还有那满山遍野的大豆高粱。"到了北大荒，发现满山遍野的大豆确实不少，但高粱不多。在北大荒那几年秋收的时候，我只收过一次高粱。

高粱地里，一片火红火红的高粱穗，如一支支火炬高擎，铺展展的，烧红了半边天，非常有气势，是大豆地里难得见到的。大豆结荚之后，灰土色，不那么好看，那时，我读过一本北大荒作家林青写的散文集，书名叫作"大豆摇铃的时节"。"大豆摇铃"，暂且可以与火红的高粱匹敌一下吧。

高粱地里很扎人，高粱秆又高，穗又沉，用镰刀收割不那么容易，将成捆的高粱扛到地头也不简单。归仓的高粱，很少能吃到，大概都喂了牲口，要不就是做高粱酒去了。

画这幅画，是因为高粱火红的色彩在北大荒的秋天过于艳丽夺目。更主要的是，想画那一对热恋的知青，热恋时的蓬勃情欲和涨红漫天的高粱很相似。

红红的高粱地 RUIXING 2018岁末

白桦林

白桦林，在大雪中最漂亮。雪没了树干很深，像是高挑而秀气的一条条美腿穿上了雪白的高筒靴。一片皑皑的雪，是一面晶莹的镜子，映衬得白桦林更加洁白，仪态万千。

开春，用小刀割开白桦林的树皮，会从里面滴下来白桦的汁液，露珠一样格外清凉、清新。

秋天，能见到斑驳脱落的白桦树皮，可以一层层地撕下来，纸一样薄，吹弹可破，但它韧性很强，而且雪一样地白，沾上一层霜似的，绒乎乎的，特别可爱。用它们来做过年的贺卡最别致。只是那时我们谁也没想到，那时也不流行贺卡。

后来看普里什文（Prishvin）的《林中水滴》，他描写雪中的白桦林时忍不住问："它们为什么不说话？是见到我害羞吗？"便想起了北大荒的白桦林。其实，那时害羞的不是她，是我自己。

有些树木是难以入画的。曾经看过列维坦（Levitan）画的一幅《白桦丛》的油画，有人说他画得很美，我却觉得并不那么好看，因为画中的树枝干瘦小，枝叶低垂，没有北大荒那种高大、粗壮、枝叶钻天的野性，以及那种独特的雪白树皮带给我们的回忆与清纯之感。

我画的是北大荒白桦林。

垂下的白桦林 RUXING 2019元旦

北大荒的雪

世界上的雪，只有北大荒的雪，才会有那样的铺天盖地。雪停后，白雪和蓝天对比得那样灿烂，世界显得那样的空旷，又那样的荒凉。我心里忽然感到一种万丈红尘之外旷世般的凄清与美好。北大荒的雪，让我感受到生命卑微和崇高的两极。

北大荒给予我的最深刻的记忆，不是春天遍野鲜红的达紫香和金黄色的萱草，不是秋天漫山火红的柞树林和洁白的白桦林，而是冬天那纷纷扬扬的雪花。无论是细碎的雪花，还是铺天盖地的暴风雪，它们构成我生活过的一个命运背景，成为磨炼我铸就自身情感的一种时代象征。

没有雪的冬天，只是冬天的赝品。没有雪的北大荒，还能叫作北大荒吗？

离开北大荒已经那么多年了，我总会想起北大荒的雪，它们让我的晚年，让我对于北京如今极其少雪的冬季，有了一种难忘而独一无二的回忆。

只有北大荒才有的那纷纷扬扬的雪花，落地无声，却像是电影里最后响起的动人歌曲，让回忆的高潮有了动人的旋律。

北大荒的雪 FUXING 2017. 夏日

开荒时节

七星河两岸,大多是一片荒原。所谓荒原,就是沼泽地,在北大荒,又叫作漂筏甸子或大酱缸。表面一片清水涟涟,下面却是深深的泥塘,水草缠裹,人陷进去很危险,甚至有人付出了生命的代价。这在当时的小说《雁飞塞北》和电影《北大荒人》中,有过真实的呈现。

我们一批知青去那里,是要将这一片荒原开垦出来种粮食,当时的口号是"向荒原进军""誓将北大荒变成北大仓"。

有一段时间,我被调到师部宣传队写节目,在其中一个歌舞节目《绿帐篷》中,大家极其深情地唱道:"绿色的帐篷,双手把你建成;像是那花朵,开遍在荒原中⋯⋯"那一座座绿帐篷就搭在七星河两岸的荒原中。帐篷中,一道布帘,隔开男女知青,透过帐篷顶透亮的缝隙,星光月色洒进来,大家做着开荒如开花一般星光灿烂的梦。

返城多年之后,我才知道当年开垦的荒原,不少破坏了自然生态,那些沼泽地,是七星河的肾。

北大荒 万里荒原

Ruxing 2010.12.

猪号

在队上的猪号，我喂了一年多猪。

猪号在我们二队的最西头，再外面就是一片荒原。这里是全队最偏僻的地方，也是最安静的地方。除我之外，只有三个当地老乡，平常很少有人到这里来，空旷得犹如到了天之外。只有偶尔猪哼哼的叫声，唤回一点人间的感觉。

冬天最难熬。猪号前有一口井，供挑水喂猪，井口四周结成一座冰山。大雪呼啸，最怕猪圈的围栏被风雪吹开，猪跑到荒原上就麻烦了。猪产仔时，最是我手足无措之时，也是三位老乡大显身手的时候。

在猪号，我写过一首小诗：

猪号四时忙，青春意味长。

露葵收半绿，霜草打微黄。

汲井冰常滑，围栏雪正狂。

偏逢猪产仔，狂吼吼如狼。

1971 年冬天，在猪号，我写了第一篇文章，一冬天下来，写了十篇，抄在一个横格本上，第二年开春，先后在《兵团战士报》、《合江日报》和复刊的《北方文学》上发表了其中一篇《照相》。这是我的处女作。

猪跑出圈的吃了南墙底下两棵白菜。

银杏树还没有黄

　　天坛的银杏树主要集中在北天门内。宽阔的甬道两旁，各有一排高大的银杏树，秋天一派金黄。后有北天门的红门，前有皇乾殿的红墙碧瓦，衬托着那一派金黄，是别处没有的皇家金色，是很多游客的打卡地。

　　这里的银杏树，一般比别处黄得晚一些。两年前的秋天，我看见两位年轻的姑娘，她们心急了些，早早就来到这里，可惜，银杏树的叶子还都是绿的。这让她们多少有些遗憾，恋恋不舍地在树下徘徊，像是等待有约不来的情人，几分落寞和无奈。

　　两个姑娘，一高一矮，矮的穿着半短风衣；高的穿着超短裙，踩着高跟长筒过膝的皮靴，显得更高。她们像一对故意高矮搭档演小品或说相声的演员，颇引我注意，让我觉得她们这次和银杏的约会多了几分幽默的色彩。

　　我想看看她们最后如何是好。看她们绕着银杏树前后走了一圈，用手机拍照了一圈，自拍，互拍，给树拍……然后，心满意足地走了，抑或是心不满意不足地走了。

　　我猜想，她们一定是外地游客。

王培绀画　　Fukin 2022.10.25.

花市

　　中学时读到秦牧先生的散文集《花城》。在书中，他写道："广州今年最大的花市设在天平路……花棚有点像马戏的看棚，一层一层衔接而上。"接着又说："我约略计算了一下花的种类，今年总在一百种上下……那千千万万朵笑脸迎人的鲜花，仿佛正在用清脆细碎的声音浅笑低语：'春天来了！春天来了！'买了花的人把花树举在头上，把花盆托在肩上，那人流仿佛又变成了一道奇特的花流。"

　　那时候，北京没有花市，花店也近乎没有。秦牧描写的广州花市令我神往。在我的认知里，花市，一要设在街头，二花的品种要多。前者，亲近；后者，热闹。春节前的广州，气候温和，适于室外。北京不行，天气寒冷，街头有卖鞭炮、年画的，没发现卖鲜花的。即使如今北京有了大型的花卉市场，但一年四季依然在室内。

　　我去过广州二十多次，遗憾的是，没有赶上过春节，便也没福气看看花市。

　　今年春节又要到了，画了这幅花市。

花市　Fuxing　2022.8.28.

希望中的春天

前年的大年初一，我画了这幅画。

疫情终于过去，皱巴巴的心，舒展了一下。不管怎么说，春天毕竟到来了。我画了白桦树，画了青草和绿叶，背景上特意涂抹了大量的鹅黄。整个画面的色彩一下明亮了起来。

是希望中的春天啊，当然得多用点绿色！

希望种如春天　Guxing　2023.1.22大年初一

图书在版编目（CIP）数据

无论在哪儿都是生活 / 肖复兴著 . -- 北京 : 北京
联合出版公司 , 2025. 10. -- ISBN 978-7-5596-8415-8

Ⅰ . I267

中国国家版本馆 CIP 数据核字第 2025Z7Q816 号

无论在哪儿都是生活

作　　者：肖复兴
出 品 人：赵红仕
选题策划：张福臣
责任编辑：管　文
特约编辑：高继书　姬　巍
封面插画：孔　颖

北京联合出版公司出版
（北京市西城区德外大街 83 号楼 9 层　100088）
北京联合天畅文化传播公司发行
北京美图印务有限公司印刷　新华书店经销
字数 71 千字　787 毫米 ×1092 毫米　1/32　6.875 印张
2025 年 10 月第 1 版　　2025 年 10 月第 1 次印刷
ISBN 978-7-5596-8415-8
定价：48.00 元